Einsterns Schwester

2

Themenheft 2

★ Richtig schreiben

Herausgegeben von
Roland Bauer, Jutta Maurach

Erarbeitet von
Katrin Baudendistel, Daniela Dreier-Kuzuhara, Alexandra Schwaighofer

In Zusammenarbeit mit
der Redaktion Grundschule Deutsch 2–4

Cornelsen

Inhaltsverzeichnis

1 Mit Silben arbeiten

2 Ein Laut – mehrere Buchstaben

3 Besondere Laute

4 Das Abc

5 Nachschlagen

So kannst du mit den Heften arbeiten

Du machst alle
Seiten der Lernportion 1.

Zuerst im grünen Heft.

Dann im roten Heft.

Dann im gelben Heft.

Und dann im blauen Heft.

Danach machst du in
allen Heften die Lernportion 2.

Nun machst du in
allen Heften die Lernportion 3.

Genauso bearbeitest du
alle anderen Lernportionen.

In diesem Heft
kannst du den
Grundwortschatz
vertiefend üben.

1

2 Lies die Wörter und zeichne die Silbenbögen ein.
Es sind insgesamt 12 Silbenbögen.

Tafel	Schultasche	Pinsel
Tisch	Kalender	Buch

Silbenschwingen hilft beim richtigen Schreiben:
Gemüse, Schokolade.

① Sprich deutlich, schwinge und schreibe die Nomen.
Zeichne die Silbenbögen ein.
Es sind insgesamt 25 Silbenbögen.

Salami

Lernportion 1: Mit Silben arbeiten

Plenum: beschreiben, warum das Mitsprechen und Silbenschwingen dabei hilft, Wörter richtig zu schreiben; erste Rechtschreibstrategien anbahnen

Jede Silbe hat einen **Silbenkern**.
Silbenkerne können sein:

- a, e, i, o, u (Vokale, Selbstlaute),
- ä, ö, ü (Umlaute),
- au, ei, eu (Zwielaute).

1 Lies die Wörter und zeichne die Silbenbögen ein.
Markiere die Silbenkerne.

Blume	Minute	Telefon	Flöte
Papagei	Brüder	Käfer	Daumen

2 Schreibe die Nomen vollständig in dein Heft.
Zeichne die Silbenbögen ein.
Markiere die Silbenkerne.

Heft 2, S. 7 ②
A: Fledermaus, B: ...

A

Fl☆d☆rm☆s

B

H☆s☆

C

B☆ch☆r

D

L☆t☆r

Nutze immer eine helle Farbe, wenn du etwas markierst.

1 Silbenkerne zuordnen und eintragen

(1) Lies die Nomen und schwinge.
Verbinde die Nomen mit den passenden Silbenkernen.

Bauernhof	i o e a
Zitronensaft	au e o
Tomatensalat	ü e e a
Bücherregal	a a e ei
Bananeneis	o a e a a

(2) Sprich deutlich und schwinge.
Zeichne die Silbenbögen ein und ergänze die Silbenkerne.
Es sind insgesamt 16 Silbenbögen.

Baumhaus

au au

Gemüse

Käfer

Reiter

Seifenblase

Rakete

1 Lies die Spielanleitung. Spiele das Silbenspiel.

Du brauchst: Spielfiguren

Spielanleitung: Suche dir ein Partnerkind. Nenne ein Nomen, das zum Thema **Schule** passt. Bestimme die Anzahl der Silben. Gehe mit deiner Spielfigur um die Anzahl der Silben vor. Nun ist dein Partnerkind an der Reihe. Wer auf ein farbiges Feld kommt, rutscht die Leiter herunter. Wer zuerst am Ziel ist, hat gewonnen.

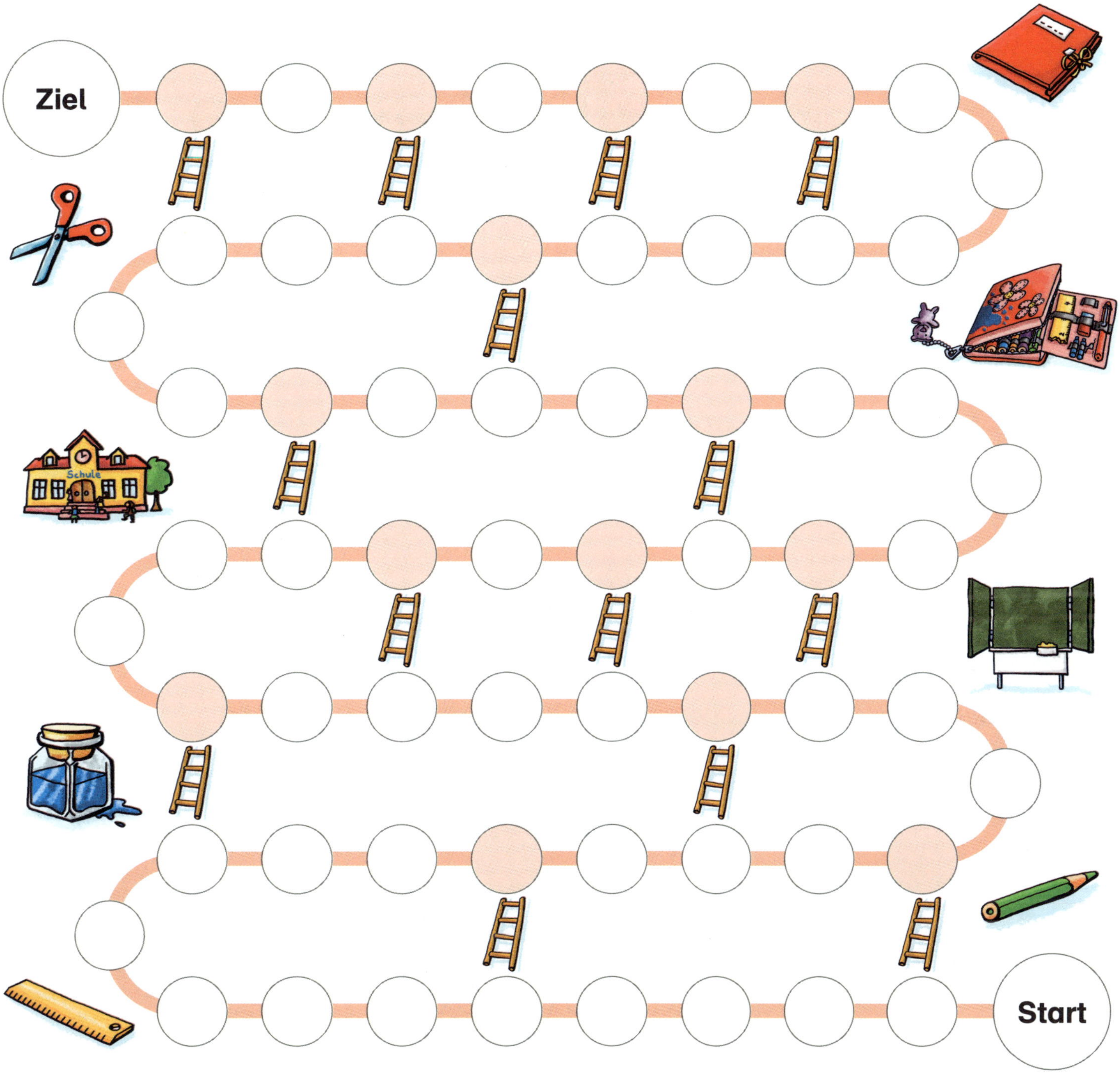

① Verbinde die Silben und Bilder passend.

Him	In	Se	Ha	Wa	Blu
sel	gen	mel	men	gel	fen

② Schreibe die Nomen aus ① auf.
Zeichne die Silbenbögen ein.
Markiere die Silbenkerne.

Himmel,

③ Lies einem Partnerkind die folgenden Nomen laut vor.
Überlegt, welchen Buchstaben ihr beim Sprechen kaum hört.

Apfel	Igel	Nebel	Rücken	Boden	Daumen

Das Silbenschwingen
hilft beim Hören der Endungen
el und **en**.

husten
der Regen
der Flügel

1. Setze die Silben zu Nomen zusammen.
Zeichne die Silbenbögen ein.

~~Kin~~ | Lei | Klei | Schwes | Bru | Fens | Fe | Hams

ter | **der**

Kinder,

2. Lies die Nomen laut. Schreibe die Wörter.
Unterstreiche die Endung er.

~~Kalender~~ | Körper | Winter | Tochter | Bilder | Computer

Kalender,

Ich höre am Ende **a** und schreibe **er**.

der Computer
der Käfer
unter

① Schreibe zu den Silbenkernen die passenden Reimwortpaare auf. Zeichne die Silbenbögen ein.

~~Rakete~~	Knopf	Tasche	Suppe
Kopf	Puppe	Tapete	Flasche
a e e	o	a e	u e
Rakete			

②

…

…

Ein **Zwielaut** besteht aus zwei Vokalen (Selbstlauten) oder aus einem Umlaut und einem Vokal (Selbstlaut).
Zwielaute sind au, ei, eu, äu:
Auge, Kleid, Euro, Verkäufer.

1

2 In jeder Zeile reimen sich zwei Wörter.
Kreise sie ein und schreibe die Wörter auf.
Markiere jeweils den Zwielaut Au/au.

Heft 2, S. 13 ②
A: bauen – schauen
B: ...

A	bauen	braun	schauen	blau	laut
B		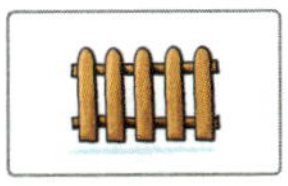			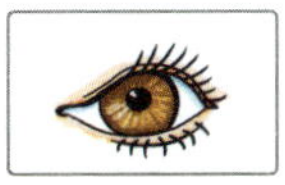
C	Raum			Bauer	Strauch
D		Kraut		Auto	Haut

die Frau
braun
kaufen

(1) Bilde die Nomen und schreibe sie auf. Markiere den Zwielaut Ei/ei.

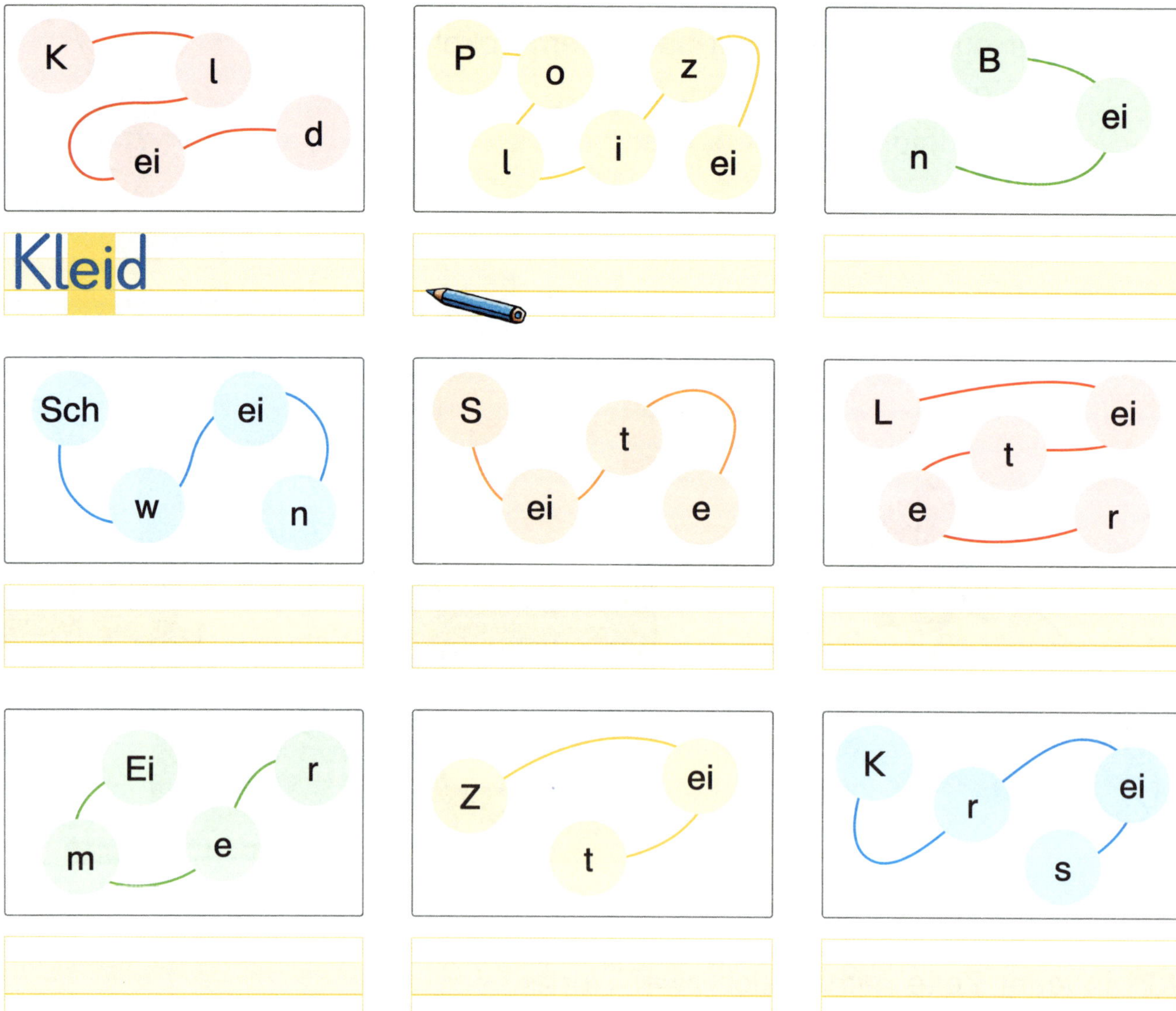

(2)

das Kleid
schleichen
reich

Lernportion 2: Ein Laut – mehrere Buchstaben

MK-Tipp: eine Liste mit Wörtern mit Ei/ei am Computer erstellen

① Setze Eu / eu oder au richtig ein.
Lies die Wörter.

Eu ro	D ___ men	___ le
h ___ te	bl ___	Fr ___ ndin
Str ___ ch	Fr ___ de	n ___ n

② Setze die Wörter passend ein.
Markiere den Zwielaut eu.

neugierig | heute | neues | freuen | Freunde

Das neue Kind

Die 2b soll ______ ein ______ Kind bekommen.

Alle sind ______ : Ist es ein Mädchen oder ein Junge?

Frau Reuter betritt mit einem Mädchen die Klasse.

„Das ist Lara, ihr werdet bestimmt bald ______ werden“, sagt die Lehrerin.

Die anderen Mädchen ______ sich.

Endlich können sie ein komplettes Fußballteam gegen die Jungen aufstellen!

die Eule
die Freundin
heulen

① Schreibe die Sätze auf und ergänze dabei die Zwielaute au, ei und eu.
Markiere die Zwielaute.

Heft 2, S. 16 ①
A: Der kleine Affe …

A Der kl★ne Affe frisst die Banane.

B An der M★er krabbeln viele Am★sen.

C Der Lehrer t★lt die Z★gnisse aus.

D Lisa hat in ihrem bl★en B★tel bunte Murmeln.

E In der Sch★ne ist ein F★er ausgebrochen.

② Bilde passende Sätze zu dem Bild.
Markiere die Zwielaute au, ei und eu.

Heft 2, S. 16 ②
Die Taube sitzt …

③ Bildet abwechselnd Sätze mit möglichst vielen Zwielauten.

2 Wörter mit ch untersuchen

So schreibe ich Wörter ab

1. Ich lese jedes Wort.
2. Ich spreche das Wort in Silben.
3. Ich merke mir jede einzelne Silbe.
4. Ich schreibe das Wort Silbe für Silbe auf.
5. Ich vergleiche das Wort genau mit der Vorlage.
6. Ich verbessere das Wort, wenn nötig.

(1) Schreibe die Wörter ab. Unterstreiche ch.

Mädchen | Buch | acht | Drache

rechnen | versuchen | Woche | Frucht

Mädchen ✓,

(2)

Licht
Bach
Fach
riechen
Gesicht
machen
mich
lachen
...

das Dach
welche
gleich

2 Wörter mit **ng** und **nk** untersuchen

(1)

Bank
bringen
Enkel
Junge
Stange
dunkel
Anfang
lenken

(2) Setze die Wörter passend ein.

krank | Finger | Stängel | Ring | danken | Onkel

Die Sonnenblume hat einen langen __________ .

Anna hat Fieber. Sie ist __________ .

Du hast mir sehr geholfen, ich möchte dir __________ .

Wir haben fünf __________ an einer Hand.

Mein __________ trägt einen __________ am Finger.

der Engel
eng
sinken

Wörter mit **Qu / qu** schreiben

① ⚀ Quark

quietscht laut. ⚀

⚁ Tim

ist gesund. ⚁

⚂ Die Tür

quatscht im Unterricht. ⚂

⚃ Ein Frosch

sprudelt aus der Quelle. ⚃

⚄ Eine Qualle

quakt am Teich. ⚄

⚅ Wasser

hat viele Fangarme. ⚅

② Schreibe drei Sätze aus ① auf, die stimmen.
Markiere Qu / qu.

der Quark
quaken
bequem

① Setze Sp/sp oder St/st richtig ein.
Lies die Wörter.

Sp oder St?

die St ufe	der ___ ort	die ___ inne	die ___ unde
der ___ ern	der ___ ein	die ___ itze	der ___ iegel

sp oder st?

___ ören	___ ülen	___ ehen	___ rechen
___ aren	___ ellen	___ ringen	___ aunen

② Lest abwechselnd Satz für Satz.
Setzt dabei die Wörter passend ein.

spinnst | streiten | Spaß | Spiel | spielen

Tom und Lisa ___________ ein ___________ am Computer.

Tom gewinnt. Lisa fängt an zu ___________ :

„Du gewinnst immer. Mit dir macht es gar keinen

___________ zu spielen!“, ruft sie.

Tom meint: „Du ___________ !“

der Spaziergang
stehen
still

(1) Kreise die sechs Nomen mit x ein.
Schreibe sie mit ihrem bestimmten Artikel in dein Heft. Markiere x.

Heft 2, S. 21 ①
die ..., die ...

A	X	T	H	E	R	O	P	Z	B	N	X
X	D	W	Q	Ä	M	E	X	O	L	T	S
V	Z	T	U	P	E	X	L	X	Y	W	N
Ü	X	Y	L	H	E	X	E	B	G	M	A
I	O	Z	T	W	E	R	Q	T	A	P	I
M	Ä	P	B	O	X	E	R	G	R	E	P
Z	M	N	U	I	A	O	T	A	X	I	J
M	K	T	E	X	T	Y	A	M	N	B	U
R	L	E	X	I	K	O	N	V	B	N	M
R	A	O	Z	E	L	E	N	H	I	U	S

(2)

boxen M
die Hexe M
das Lexikon M

So schreibe ich ein Partnerdiktat

1. Ich diktiere einem anderen Kind langsam und deutlich jedes Wort.
2. Danach kontrollieren wir gemeinsam Buchstabe für Buchstabe.
3. Wir verbessern, wenn nötig.
4. Zum Schluss tauschen wir die Rollen.

① Lies die Merkwörter. Ordne die Wörter in die Tabelle ein. Markiere V/v.

V/v hört sich mal wie **f** und mal wie **w** an.

~~Vater~~ | Vampir | Vulkan | Verkehr | vier

Klavier | Kurve | viele | von | November

V/v wie in Vogel	V/v wie in Vase
Vater ✓	

② Diktiert euch gegenseitig die Merkwörter aus ①. Nutzt die Anleitung oben.

der November
der Verkehr
versuchen

Ein Abc-Gedicht kennenlernen

1 Setzt die Wörter ein.
Lest euch gegenseitig das Gedicht vor.

A B C D E F G

Tun denn Hausaufgaben ______?

H I J K L M N O P

Auf meinem Pudding tanzt 'ne ______.

Q R S T U V W

Haben Flöhe einen ______?

X Y und Z

Oh Schreck, ein Elefant in meinem ______!

Mit einem Reim kann ich mir Dinge besser merken.

2

So schreibe ich Sätze ab

1. Ich lese den Satz genau.
2. Ich teile den Satz in Abschnitte, die ich mir merken kann.
3. Ich merke mir einen Abschnitt.
4. Ich schreibe jeden Abschnitt auswendig auf.
5. Ich vergleiche den Satz genau mit der Vorlage und verbessere, wenn es nötig ist.

(1) Lies das rote und das grüne Gedicht.
Schreibe das Gedicht ab, das dir besser gefällt.

Heft 2, S. 24 ①
ABCDEFG – Ein ... ✓

	rot	grün
ABCDEFG	Ein Häschen spielt im kalten Schnee.	Ein Kater fährt durch tiefen Schnee.
HIJKLMNOP	Jetzt niest es und sein Hals tut weh.	Auf einem Schlitten. Doch oh weh!
QRSTUVW	Papa-Hase sagt: „Trink viel heißen Tee!	Er ist zu schnell und ruft: „Los, steh!“
XY und Z	Und leg dich gleich ins warme Bett.“	So laut, da wacht er auf und ist im Bett.

Die Buchstaben, die beim Sprechen alleine klingen, heißen **Vokale** (**Selbstlaute**): a, e, i, o, u. Die anderen Buchstaben heißen **Konsonanten** (**Mitlaute**).

(1) Schreibe alle Wörter auf, die mit einem Vokal anfangen. Es sind zwölf Wörter.

~~Uhr~~ | Ofen | lesen | uns | Heft | ihm | besser | Erde

Telefon | Omi | kochen | einer | Abend | und | Ufer | Vater

Nase | Obst | fehlen | ohne | gestern | trinken

Uhr ✓,

(2)

1 Schreibe die Wortpaare auf.
Markiere die verwandelten Vokale.

 Gold –  Geld

 – 

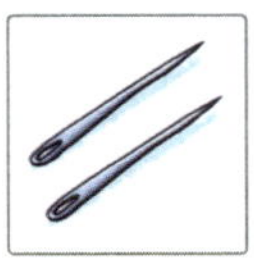 – 

 – 

 – 

 – 

2

① Im rechten Bild fehlen sechs Dinge.
Schreibe die Nomen auf. Markiere alle Vokale.

Luftballons | ~~Becher~~ | Krone | Torte | Kerze | Teller

Gabeln | Geschenk | Tisch | Buchstabe | Löffel

Becher ✓, ______________________________

____

② Ergänze die Vokale a, e, i, o, u in den Wörtern.

Wir feiern ein Fest

Heute ist mein G_e_burtstag.

Im Wohnzimmer hängt Mama eine G__rlande auf.

P__pa hat eine Torte für mich gebacken.

Ich zünde die Kerzen auf der T__rte an.

Tim __nd Lisa sind meine Gäste.

Alle s__ngen ein Lied für mich.

Ich bekomme viele G__schenke.

① Ergänze im Abc die fehlenden Buchstaben.
Markiere die Vokale.

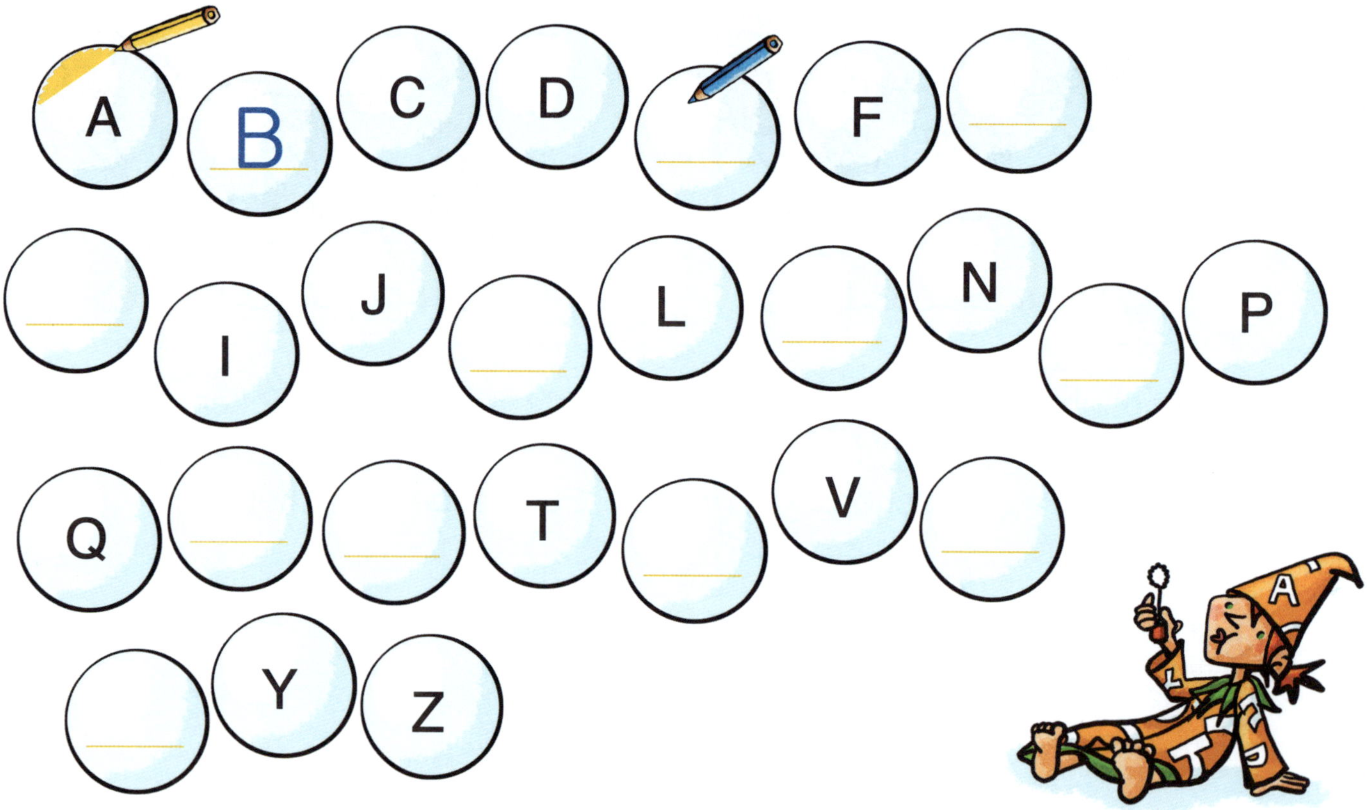

②

1 Schreibe die Buchstabenreihen vollständig auf.

A B C

① Schreibe die Namen der Kinder nach dem Abc geordnet auf.

Benjamin ✓

②

Lernportion 5: Nachschlagen

MK-Tipp: eine Namensliste am Computer schreiben

① Vergleicht die beiden Plakate.
Besprecht, wie Tim und Lisa die Wörter geordnet haben.

② Ordne die Wörter.
Achte immer auf den zweiten Buchstaben und unterstreiche ihn.

Axt ✶ Ampel ✶ Ast — Ampel,

Post ✶ Papier ✶ Pflaume

Schatz ✶ Saal ✶ Sofa

③ Finde selbst drei Wörter, die man nach dem zweiten Buchstaben ordnen muss.
Lass sie von einem Partnerkind ordnen.

① Suche die Wörter in der Wörterliste.
Schreibe die Wörter und die Seitenzahlen auf.

der **Frosch,** die Frösche
die **Frucht,** die Früchte
früh
der **Fuchs,** die Füchse
füllen
der **Fuß,** die Füße Ⓜ

G g

ganz
der **Gast,** die Gäste
geben

Wie heißt

– das erste Wort unter **G**? ganz ✓, S. 58

– das letzte Wort unter **O**?

– das dritte Wort unter **M**?

– das erste Wort unter **L**?

– das letzte Wort unter **N**?

②

① Suche die Wörter in der Wörterliste.
Ergänze die fehlenden Buchstaben. Notiere die Seitenzahlen.

do r t	Seite 58	pa__ __en	Seite ____
mo__gen	Seite ____	H__nger	Seite ____
ein__elnen	Seite ____	sandi__	Seite ____
Me__ __er	Seite ____	win__en	Seite ____
i__s	Seite ____	Na__ __t	Seite ____

② Suche die Wörter in der Wörterliste.
Schreibe die Wörter und die Seitenzahlen in dein Heft.

Heft 2, S. 33 ②
1: Apfel, S. 57, ...

1

2
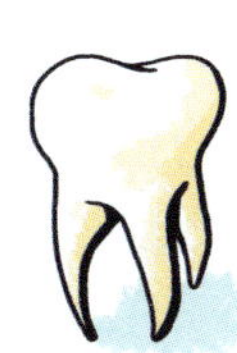

3

4

5

6

7

Lernportion 5: Nachschlagen

Plenum: Austausch über Möglichkeiten, ein Wort in der Wörterliste zu finden; Vorgehen beschreiben und vergleichen

D 19

5 Wörter in der Wörterliste finden

① Suche die Wörter in der Wörterliste.
Schreibe die gesuchten Wörter auf.

a) Welches Wort steht **über** dem Wort?

bald ✓		
Banane	Herr	Quark

b) Welches Wort steht **unter** dem Wort?

Verkehr	Note	winken

② Suche die Wörter in der Wörterliste.
Schreibe die Wörter und die Seitenzahlen in dein Heft.

Heft 2, S. 34 ②
1: die Computer ✓, S. 57
2: ...

1 Wie heißt die Mehrzahl von **Computer**?

2 Wie heißt die Mehrzahl von **Zoo**?

3 Wie heißt die Mehrzahl von **Mund**?

4 Wie heißt die Mehrzahl von **Nudel**?

5 Finde drei Nomen mit dem Anfangsbuchstaben **W**.

6 Finde drei Verben mit dem Anfangsbuchstaben **B**.

7 Finde zwei Adjektive mit dem Anfangsbuchstaben **F**.

Es gibt lang (_) und kurz (.) gesprochene **Vokale**:
Hof, Gast.

① Sprich die Wörter.
Setze unter einen kurzen Vokal einen Punkt (.).
Unterstreiche einen langen Vokal (_).

 Tisch	 Brot	
 Schaf	 Cent	 Buch
 Hund	 Obst	 Schiff
 Bild	 Glas	 Tor

② Ordne die Wörter aus ① in eine Tabelle ein.

Heft 2, S. 35 ②

kurzer Vokal	langer Vokal
Tisch ✓	Brot ✓
...	...

Ein **lang gesprochenes i** schreibe ich fast immer ie:
Brief, viel, Liebe.

① Finde die Wörter und schreibe sie.
Markiere ie.

Z i e g e | l i e b S i e b B r i e f v i e l T i e r

Ziege ✓ | ____ | ____
____ | ____ | ____

② Setze die Wörter passend ein.
Markiere ie.

Lied | Papier | Knie | vier | Brief | sieben

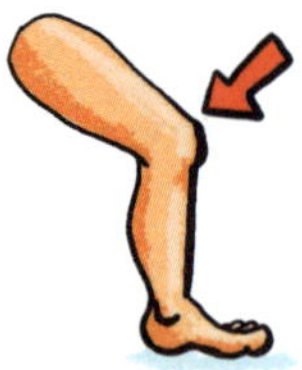

Mit dem ____ können wir unser Bein beugen.

Tim hört ein ____ auf seinem MP3-Player.

Schneewittchen wohnt im Haus der ____ Zwerge.

Lisa schreibt ihrer Oma einen ____.

Zwölf minus acht ist ____.

Wir schreiben auf ____.

der Brief
fliegen
dieser

Lernportion 6: Kurze und lange Vokale

MK-Tipp: eine Liste mit Wörtern mit ie am Computer erstellen

① Kreise die sechs versteckten Nomen mit kurzem i ein.
Schreibe sie auf. Setze einen Punkt unter das kurze i.

B	I	Z	U	T	E	B	L	I	T	Z	K
L	R	I	K	S	E	N	K	J	W	Q	C
L	I	B	R	I	L	L	E	F	F	M	N
F	I	N	G	E	R	K	I	S	V	O	E
I	G	E	S	C	H	W	B	I	L	D	N
Q	I	C	P	T	M	I	K	E	L	D	E
B	I	B	M	I	L	C	H	N	I	S	P
H	G	A	W	I	T	T	O	R	X	I	B
P	F	I	S	C	H	P	I	T	R	E	S
P	E	W	I	W	N	E	N	K	I	P	S

Nur der
erste Buchstabe wird
großgeschrieben.

② Verbinde die Geheimschrift mit dem passenden Wort.

Stift

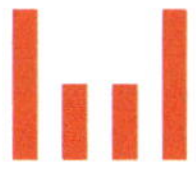

Birne

Himmel

Wind

das Bịld
der Fịsch
der Hịmmel

Wörter mit **ie** und kurzem **i** vervollständigen

(1) Ergänze ie oder i.
Setze einen Punkt unter das kurze i und unterstreiche ie.

Br ie f

B ___ ld

B ___ ne

M ___ lch

Br ___ lle

R ___ ng

F ___ nger

S ___ b

St ___ ft

(2) Schreibe nur die Wörter mit kurzem i auf.
Setze einen Punkt unter das kurze i.

(3) Sucht in der Wörterliste jeweils fünf Wörter mit kurzem i und ie.
Lest euch die Wörter gegenseitig vor.

Vor einem **doppelten Konsonanten** steht immer ein **kurzer Vokal**:
Zimmer, Mutter.

① Setze einen Punkt unter den kurzen Vokal.
Markiere den doppelten Konsonanten.

Zimmer	kann	Betten
kommen	Kissen	Mutter

② Lest euch gegenseitig die Geschichte vor.
Setzt die Wörter aus ① richtig ein.
Kreuzt ein passendes Ende an.

Lisa und Tim toben auf den ________

und werfen mit ________.

Die ________ ruft beide zum Mittagessen.

Doch sie ________ nicht.

Die Mutter betritt das ________ und sagt:

○ „Kinder, ________ ich mitmachen?“

○ „Wie spät ist es?“

○ „Wenn ihr nicht kommt, esse ich alles allein.“

das Zimmer
bitten
flüssig

Wörter mit einem **doppelten Konsonanten** trenne ich so:
Schlit-ten, sol-len, las-sen.

(1) Trenne die Wörter mit einem Strich.
Schreibe sie getrennt auf.

kön|nen	kennen	Klasse
kön nen		
Stimme	alles	wollen
Treppe	Wetter	lassen

(2)

① Schreibe die Wörter in dein Heft.
Setze einen Punkt unter den kurzen Vokal.
Markiere ck.

Heft 2, S. 41 ①
A: backen, ✓
B: ...

A	backen	B	Sack		
C	dreckig	D	Socke	E	Hecke
F	Röcke	G	Rücken	H	Zucker

② Setze die Wörter passend ein.
Setze einen Punkt unter den kurzen Vokal.
Markiere ck.

~~frühstücken~~ | lecker | Bäcker | Schnecke | meckert | Zucker

Marie und Mama frühstücken ✓ zusammen.

Mama hat Rosinenschnecken vom ______ mitgebracht.

Marie stopft eine halbe ______ auf einmal

in den Mund. Mama ______:

„Oh, dein Gesicht ist voll ______!“

„Aber die schmecken so ______!“,

sagt Marie und grinst Mama an.

die Hecke
der Rock
schmecken

Lernportion 6: Kurze und lange Vokale

MK-Tipp: eine Liste mit Wörtern mit ck am Computer erstellen

So schreibe ich ein Schleichdiktat

1. Ich lege den Text an eine Stelle und merke mir einen Satz.
2. Ich gehe an meinen Platz zurück und schreibe den Satz auf.
3. Ich schreibe alle Sätze genauso auf.
4. Ich hole den Text und kontrolliere ihn Wort für Wort.
5. Ich verbessere die Fehler.

(1) Schreibe die Wörter mit tz vollständig auf.
Setze einen Punkt unter den kurzen Vokal. Markiere tz.

A Toms Ka…e ist noch klein.

B Aber ihre Ta…en haben schon scharfe Krallen.

C Damit kann sie ganz schön kra…en.

D Mit ihrer Zunge kann sie ihr Fell pu…en.

E Am Fenster beobachtet sie einen Spa… .

F Am liebsten si…t sie auf Toms Bett.

G Nachts ki…elt sie ihn mit ihren Schnurrhaaren.

A: Katze, B:

(2) Schreibe die Sätze aus (1) als Schleichdiktat wie oben beschrieben.

die Katze
der Platz
sitzen

D 20

Lernportion 6: Kurze und lange Vokale

Plenum: die Vorgehensweise beim Schleichdiktat und seine Anwendung als gute Möglichkeit beschreiben, Lernwörter zu üben
MK-Tipp: Sätze am Computer vollständig aufschreiben, tz jeweils farbig kennzeichnen

AH 48

Aus den Vokalen a, o und u in der Einzahl können in der Mehrzahl oder in der Verkleinerungsform ä, ö und ü werden. Man nennt ä, ö und ü auch **Umlaute**:
Ball – Bälle, Kopf – Köpfchen, Buch – Bücher.

1. Schreibe die Wörter in der Einzahl und Mehrzahl mit Artikel auf. Markiere a, o, u und die Umlaute.

 das Buch — die Bücher 

 ______ — ______ 

 ______ — ______ 

 ______ — ______ 

 ______ — ______ 

2. Ergänze die Sätze. Markiere a, o, u und die Umlaute.

Eine kleine  Blume ist ein Blümchen.

Ein kleiner  ______ ist ein ______.

Eine kleine  ______ ist ein ______.

Ein kleiner  ______ ist ein ______.

Ableiten
Ich schreibe ein Wort mit ä, wenn ich es von einem Wort mit a ableiten kann:
Hände ↯ Hand, Bälle ↯ Ball.

1

2 Schreibe die Wörter ins Heft und ergänze a, ä oder e. Markiere die Umlaute und Vokale.

Heft 2, S. 44 ②
die Äste ↯ der Ast
...

die ★ste

die R★der

die St★rne

die Z★hne

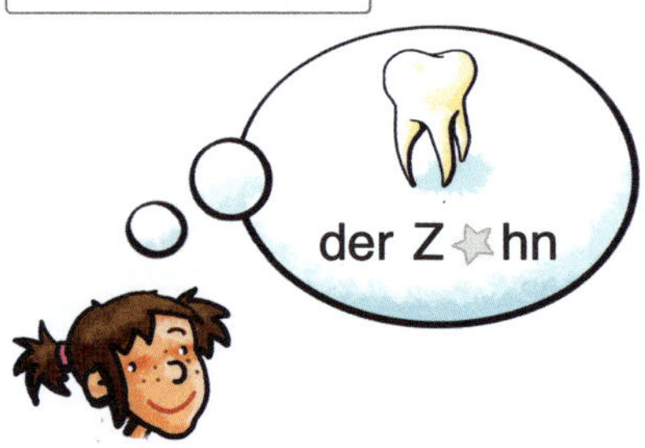

Wenn ich nicht ableiten kann, schreibe ich das Wort mit **e**: Hefte – Heft.

die Nächte ↯ die Nacht
die Hände ↯ die Hand
die Säfte ↯ der Saft

Ableiten
Ich schreibe ein Wort mit äu, wenn ich es von einem Wort mit au ableiten kann:
Bäume ↯ Baum, Mäuse ↯ Maus, läuft ↯ laufen.

1. Finde im Bild sechs Nomen mit äu in der Mehrzahl. Schreibe die Nomen auf und leite sie ab.

Wenn ich nicht ableiten kann, schreibe ich das Wort mit **eu**: Eulen – Eule.

Schläuche ↯ Schlauch,

2. Markiere bei den Nomen aus 1 äu und au.

die Bäume ↯ der Baum
die Häuser ↯ das Haus
die Mäuse ↯ die Maus

Verlängern
Manchmal hören sich d und t am Wortende gleich an.
Beim Verlängern der Wörter höre ich, was ich schreiben muss:
Hund ↪ Hunde, Brot ↪ Brote.

① Ergänze d oder t am Wortende.
Verlängere dazu die Wörter. Unterstreiche.

Kin… **d** oder **t**?
Die Mehrzahl
hilft dir!

Einzahl	↪	Mehrzahl
 das Kin d		 die Kinder
 das Bro___		 die ______
 das Ra___		 die ______
 das Klei___		 die ______

② Setze d oder t ein. Schreibe die Wörter
mit der Verlängerung in dein Heft.

Han d	Aben___	Hem___
Hun___	Gas___	As___
Freun___	Pfer___	Stif___

Heft 2, S. 46 ②
Hand ↪ Hände, …

das Kind ↪ die Kinder
das Pferd ↪ die Pferde
das Feld ↪ die Felder

Lernportion 7: Ableiten und verlängern

Verlängern
Manchmal hören sich g und k am Wortende gleich an.
Beim Verlängern der Wörter höre ich, was ich schreiben muss:
Weg ↪ Wege, Bank ↪ Bänke.

1 Setze g oder k ein.
Verlängere dazu die Wörter im Kopf.
Schreibe die Wörter in der Einzahl
und in der Mehrzahl ins Heft.

Heft 2, S. 47 ①
A: Berg ↪ Berge
B: ...

A  Berg

B 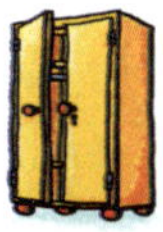 Schran__

C  We__

D  Zwer__

E  Zu__

F  Ta__

G  Ban__

H  Werkzeu__

2 Löst abwechselnd die Rätsel. Entscheidet gemeinsam: g oder k.

Wer oder was ist das?

- Es fliegt in der Luft.
- Du bekommst es zum Geburtstag.
- Man läuft darauf.
- Man kann im Park darauf sitzen.

der Berg ↪ die Berge
der Weg ↪ die Wege
der Tag ↪ die Tage

Wörter einer **Wortfamilie** haben den gleichen **Wortstamm**.
Der **Wortstamm** hilft, Wörter einer **Wortfamilie** richtig zu schreiben:
Spielzeug, Spieler, spielen.

① Ordne die Wörter der Wortfamilien freund und spiel in eine Tabelle ein.
Unterstreiche immer den Wortstamm.

Heft 2, S. 48 ①

freund	spiel
freundlich ✓	…

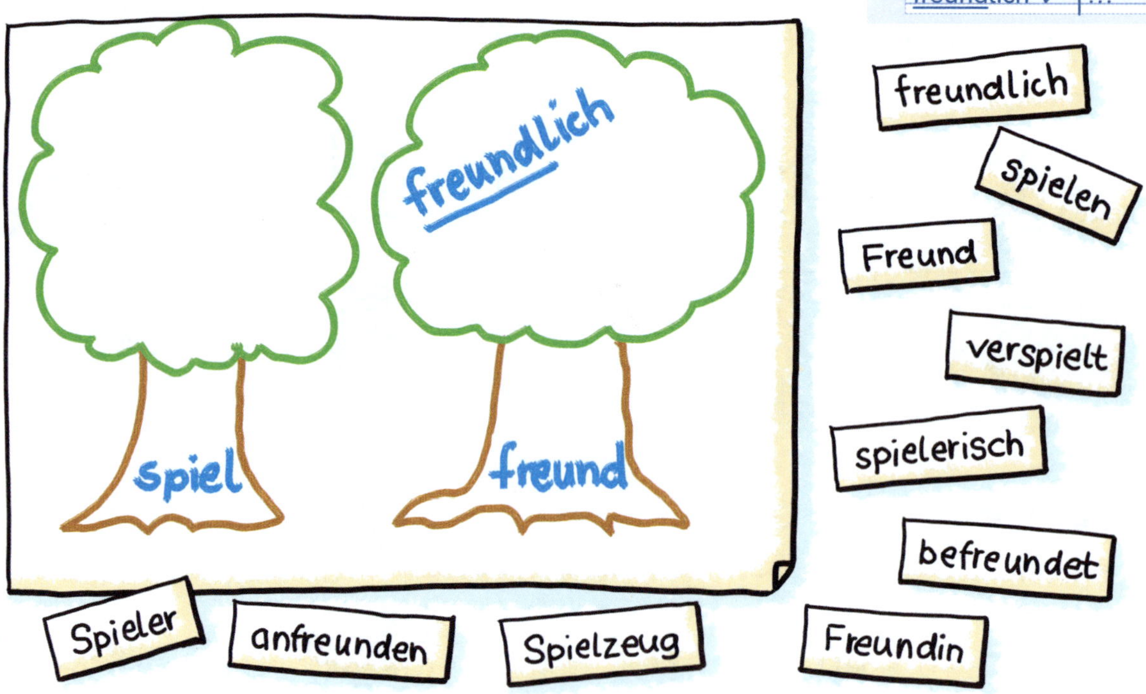

②

So schreibe ich ein Dosendiktat

1. Ich schreibe jedes Wort auf ein Kärtchen.
2. Ich nehme ein Kärtchen und lese das Wort genau.
3. Ich stecke das Kärtchen in eine Dose.
4. Ich schreibe das Wort auswendig auf.
5. Ich mache das mit allen Wortkärtchen.
6. Ich hole alle Wortkärtchen aus der Dose und vergleiche.
7. Ich verbessere die Fehler.

(1) fahren | Fahrzeug | Fahrrad | abfahren | Einfahrt | Ausfahrt | losfahren | mitfahren | Fahrt | Schifffahrt | verfahren

(2) Unterstreiche die Wörter mit den Wortstämmen schlaf und les farbig. Ordne die Wörter in eine Tabelle ein. Unterstreiche den Wortstamm.

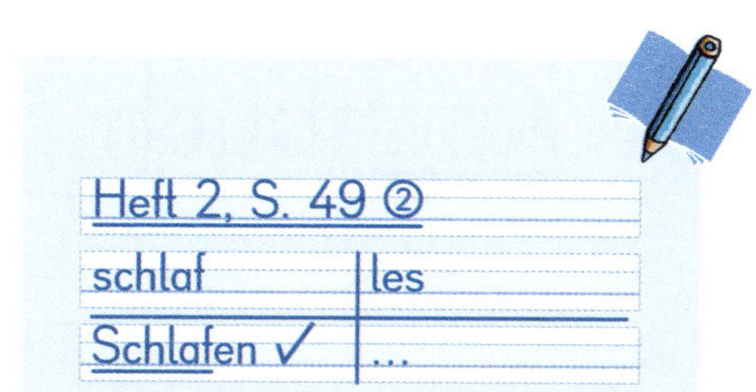

Jeden Abend vor dem Schlafen möchte Pauline etwas vorgelesen bekommen.
Zum Lesen braucht Papa seine Lesebrille.
Manchmal vergisst er sie. Dann singt Papa ein Schlaflied für Pauline. Danach kann sie gut einschlafen.

(1) Ordne die Wörter mit den Wortstämmen geh und seh in die Tabelle ein.
Unterstreiche immer die Wortstämme.

~~sehen~~ | geht | Sehtest | Fernseher | Gehweg | ansehen | gehen | weggehen

Wortstamm geh	Wortstamm seh
	sehen ✓

(2) Schreibe passende Wörter zum Wortstamm.
Unterstreiche den Wortstamm.

Kochbuch	koch	
	spiel	
	fahr	
	flieg	

1 Ergänze ä oder äu und schreibe die Wörter vollständig in dein Heft.
Notiere ein Wort aus der Wortfamilie, das dir beim Ableiten geholfen hat.

Heft 2, S. 51 ①
a) Jäger ↯ jagen
...

a)

J ä ger	B ____ cker	L ____ ferin
R ____ tsel	Verk ____ ferin	F ____ hre
K ____ lte	W ____ sche	K ____ mpfer
H ____ kchen	R ____ ber	P ____ ckchen

b)
A Der Junge tr ä gt eine bunte Hose.
B Tim kann schon bis 1 000 z ____ hlen.
C Der Schnee f ____ llt vom Himmel.
D Die G ____ rtnerin pflanzt Blumen.
E Lisa hat etwas Schönes getr ____ mt.
F Im Herbst f ____ rben sich die Blätter bunt.
G In der Badewanne sch ____ mt es herrlich.

Heft 2, S. 51 ①
b) A: trägt ↯ tragen
B: ...

9 Merkwörter mit doppeltem Vokal schreiben (M)

Merkwörter
Manchmal gibt es keine Regeln,
um Wörter richtig zu schreiben.
Diese Wörter sind **Merkwörter**. (M)

(1) Ergänze die Sätze passend.
Markiere den doppelten Vokal.

Zoo | Tee | Meer | Moos | leer | Haare | Schnee

Doppelte Vokale sind **aa**, **ee**, **oo**.

Wenn man erkältet ist, soll man viel ________ trinken.

Menschen haben kein Fell, sondern ________.

Dein Magen knurrt, wenn er ________ ist.

Die meisten Wale leben im ________.

Wasser kann zu Eis und zu ________ werden.

Im ________ gibt es viele Tiere aus fernen Ländern.

Auf dem Waldboden wächst ________.

(2) Lest euch die vollständigen Sätze aus (1) gegenseitig vor.

der Tee M
der Saal M
das Moos M

① Suche die passenden Wörter mit ß in der Wörterliste.
Notiere die Seitenzahl.

heiß ✓ Seite 59

S Seite

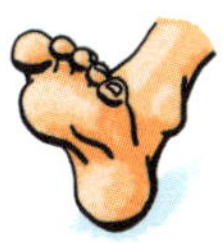
F Seite

w Seite

S Seite

g Seite

S Seite

G Seite

②

der Fuß M
groß M
fließen M

9 Namen der Wochentage schreiben

(1) Schreibe die Wochentage in der richtigen Reihenfolge auf.
Markiere Stellen, die für dich schwierig sind.

~~Montag~~	Mittwoch	Freitag	Samstag
Dienstag	Sonntag	Donnerstag	

1 Montag ✓

2

3

4

5

6

7

(2)

① Schreibe die Monate in der richtigen Reihenfolge auf.

April | ~~Januar~~ | März | August

Oktober | September | Juni | Februar

Mai | Dezember | Juli | November

1 Januar ✓	7
2	8
3	9
4	10
5	11
6	12

② Ergänze die passende Jahreszeit.
Schreibe die Sätze in dein Heft.

Im Frühling blühen die Bäume.

Im ______ schneit es manchmal.

Im ______ lasse ich Drachen steigen.

Im ______ gehe ich ins Freibad.

Heft 2, S. 55 ②
Im Frühling blühen
die Bäume. ✓
Im ...

Lernportion 9: Besondere Wörter

MK-Tipp: einen eigenen Kalender am Computer gestalten

① Schreibe zu jeder Zahl das passende Zahlwort auf.

eins	~~null~~	sieben	fünfzig	neunzig
vierzig	sechs	zwanzig	zwei	acht
drei	hundert	zehn	achtzig	sechzig
dreißig	neun	siebzig	vier	fünf

0	null ✓	7		50	
1		8		60	
2		9		70	
3		10		80	
4		20		90	
5		30		100	
6		40			

Alles richtig?
Sonst übe die falsch geschriebenen Wörter nochmals im Heft.

D 23

Lernportion 9: Besondere Wörter

A a

der **Abend,** die Abende
alles
die **Amsel,** die Amseln
der **Anfang,** die Anfänge
der **Apfel,** die Äpfel
der **April**
der **Arm,** die Arme
arm
der **Ast,** die Äste
auch
aufwachen
der **August**

B b

backen
der **Bäcker,** die Bäcker
die **Bäckerin,** die Bäckerinnen
der **Bach,** die Bäche
das **Bad,** die Bäder
bald
die **Banane,** die Bananen
die **Bank,** die Bänke
der **Bär,** die Bären
der **Bauch,** die Bäuche
bauen
der **Bauer,** die Bauern
die **Bäuerin,** die Bäuerinnen
der **Baum,** die Bäume
das **Bein,** die Beine
bequem
der **Berg,** die Berge
der **Besen,** die Besen
bewegen
das **Bild,** die Bilder
ich **bin**
binden
du **bist**
bitten
das **Blatt,** die Blätter
blau
die **Blume,** die Blumen
blühen
bluten
der **Boden,** die Böden
boxen
braun
breit
der **Brief,** die Briefe
bringen
das **Brot,** die Brote
das **Brötchen,** die Brötchen
der **Bruder,** die Brüder
das **Buch,** die Bücher
der **Busch,** die Büsche
die **Butter**

C c

der **Cent,** die Cents
der **Comic,** die Comics
der **Computer,** die Computer

D d

das **Dach,** die Dächer
der **Dachs,** die Dachse
dann
der **Daumen,** die Daumen
dein, deine, deiner
dem
den
denn
der **Dezember**
dich
der **Dienstag,** die Dienstage
dies, diese, dieser

dir
der **Donnerstag,** die Donnerstage
dort
der **Drache,** die Drachen
die **Dusche,** die Duschen

E e

der **Eimer,** die Eimer
einem, einen
einer, eines
einzelnen
die **Eltern**
eng
der **Engel,** die Engel
der **Enkel,** die Enkel
die **Enkelin,** die Enkelinnen
die **Erde**
erst
essen
etwas
euch
euer, eure
die **Eule,** die Eulen

F f

das **Fach,** die Fächer
der **Faden,** die Fäden
die **Fahrt,** die Fahrten
fallen
falsch
die **Familie,** die Familien
die **Farbe,** die Farben
fast
der **Februar**
die **Feier,** die Feiern
das **Feld,** die Felder
die **Ferien**
das **Fest,** die Feste
das **Fieber**
der **Fisch,** die Fische
die **Flasche,** die Flaschen
die **Fliege,** die Fliegen
fliegen
fließen
die **Flöte,** die Flöten
der **Flügel,** die Flügel
flüssig
das **Foto,** die Fotos
die **Frage,** die Fragen
fragen
die **Frau,** die Frauen
der **Freitag,** die Freitage
fremd
die **Freude,** die Freuden
der **Freund,** die Freunde
die **Freundin,** die Freundinnen
der **Frosch,** die Frösche
die **Frucht,** die Früchte
früh
der **Fuchs,** die Füchse
füllen
der **Fuß,** die Füße

G g

ganz
der **Gast,** die Gäste
geben
gegen
das **Geld,** die Gelder
gerade
gern
das **Geschenk,** die Geschenke
die **Geschichte,** die Geschichten
gestern
die **Giraffe,** die Giraffen

das **Glas,** die Gläser (ϟ)
glauben
gleich
graben
groß (M)
die **Großeltern** (M)
grüßen (M)

H h

das **Haar,** die Haare (M)
der **Hafen,** die Häfen (ϟ)
hallo
der **Hals,** die Hälse (ϟ)
der **Hamster,** die Hamster
die **Hand,** die Hände (↪)
das **Handy,** die Handys (M)
hart
das **Haus,** die Häuser (ϟ)
die **Haut,** die Häute (ϟ)
die **Hecke,** die Hecken
das **Heft,** die Hefte (↪)
heiß (M)
heißen (M)
helfen
hell
das **Hemd,** die Hemden (↪)
der **Herbst**
der **Herr,** die Herren
das **Herz,** die Herzen
die **Hexe,** die Hexen (M)
hier
die **Hilfe,** die Hilfen
der **Himmel,** die Himmel
hin
hinter
die **Hitze**
holen
die **Hummel,** die Hummeln
hundert
der **Hunger**
husten

I i

der **Igel,** die Igel
ihm
ihn
ihnen
ihr
ihre
ins
die **Insel,** die Inseln

J j

der **Januar**
jede, jeder, jedes
der **Juli**
der **Juni**

K k

der **Käfer,** die Käfer
die **Karte,** die Karten
der **Kater,** die Kater
die **Katze,** die Katzen
kaufen
kein, keine, keiner
der **Keks,** die Kekse
kennen
die **Kerze,** die Kerzen
kicken
das **Kind,** die Kinder (↪)
die **Kirsche,** die Kirschen
das **Kissen,** die Kissen
klar
kleben

das **Kleid,** die Kleider
das **Knie,** die Knie
der **Knopf,** die Knöpfe
der **Koch,** die Köche
die **Köchin,** die Köchinnen
kochen
der **Koffer,** die Koffer
der **König,** die Könige
die **Königin,** die Königinnen
der **Kopf,** die Köpfe
der **Korb,** die Körbe
das **Kraut,** die Kräuter
die **Krone,** die Kronen
die **Küche,** die Küchen
der **Kuchen,** die Kuchen
die **Kuh,** die Kühe
kurz

L l

lachen
die **Lampe,** die Lampen
laut
leben
lecker
legen
leider
die **Leiter,** die Leitern
lenken
lernen
lesen
das **Lexikon,** die Lexika
lieb
das **Lied,** die Lieder
der **Liter,** die Liter
das **Loch,** die Löcher
der **Löffel,** die Löffel
lösen
der **Luchs,** die Luchse

M m

machen
der **Mai**
man
der **Mann,** die Männer
der **März**
die **Maus,** die Mäuse
mehr
mein, meine, meiner
melden
das **Messer,** die Messer
der **Meter,** die Meter
mich
die **Milch**
die **Minute,** die Minuten
mir
der **Mittwoch,** die Mittwoche
der **Monat,** die Monate
der **Montag,** die Montage
morgen
der **Mund,** die Münder
die **Muschel,** die Muscheln
die **Musik**
muss
mutig
die **Mutter,** die Mütter

N n

die **Nacht,** die Nächte
die **Nadel,** die Nadeln
das **Nashorn,** die Nashörner
nehmen
das **Nest,** die Nester
nett
neu
nichts
nie
niesen

noch
die **Note,** die Noten
der **November** (M)
die **Nudel,** die Nudeln
nun
nur

O o

ob
oben
das **Obst**
ohne
das **Ohr,** die Ohren
der **Oktober**
das **Öl,** die Öle
Ostern

P p

packen
das **Paket,** die Pakete (↪)
der **Papagei,** die Papageien
das **Papier,** die Papiere
die **Pause,** die Pausen
der **Pfeil,** die Pfeile
das **Pferd,** die Pferde (↪)
pflanzen
die **Pflaume,** die Pflaumen
pflegen
die **Pfote,** die Pfoten
der **Pinsel,** die Pinsel
die **Pizza,** die Pizzas (M)
der **Platz,** die Plätze (↯)
die **Pommes**
das **Pony,** die Ponys (M)
die **Post**
die **Puppe,** die Puppen
putzen

Qu qu

quaken
der **Qualm**
der **Quark**
der **Quatsch**

R r

das **Rad,** die Räder (↪)
raten
der **Raum,** die Räume (↯)
rechnen
reden
der **Regen**
reich
die **Reise,** die Reisen
rennen
riechen
der **Rock,** die Röcke
die **Rose,** die Rosen
der **Rücken,** die Rücken

S s

der **Saft,** die Säfte (↯)
die **Säge,** die Sägen
sagen
das **Salz,** die Salze
der **Samstag,** die Samstage (↪)
sandig (↪)
satt
der **Satz,** die Sätze (↯)
sauber
das **Schaf,** die Schafe
der **Schatz,** die Schätze (↯)
schauen
schenken
schicken
schlafen

schlagen
schlau
der **Schlitten,** die Schlitten
der **Schlüssel,** die Schlüssel
schmecken
der **Schmetterling,** die Schmetterlinge ↪
die **Schnecke,** die Schnecken
der **Schnee** Ⓜ
schnell
schreiben
schreien
die **Schrift,** die Schriften
das **Schwein,** die Schweine
schwer
sechs
der **See,** die Seen Ⓜ
das **Segel,** die Segel
sehr
sein, seine, seiner
seit
die **Seite,** die Seiten
die **Sekunde,** die Sekunden
selbst
der **September**
sich
singen
sinken
sitzen
die **Socke,** die Socken
der **Sohn,** die Söhne
der **Sonnabend,** die Sonnabende ↪
der **Sonntag,** die Sonntage ↪
die **Soße,** die Soßen Ⓜ
der **Spaß,** die Späße Ⓜ
der **Spaten,** die Spaten
spazieren
der **Spaziergang,** die Spaziergänge ↪
das **Spiel,** die Spiele
die **Spinne,** die Spinnen
die **Spitze,** die Spitzen
sprechen
springen
spülen
die **Stange,** die Stangen
der **Stängel,** die Stängel
staunen
stellen
der **Stempel,** die Stempel
der **Stiefel,** die Stiefel
still
stören
die **Straße,** die Straßen Ⓜ
der **Strauß,** die Sträuße Ⓜ
die **Stufe,** die Stufen
die **Suppe,** die Suppen

T t

die **Tafel,** die Tafeln
der **Tag,** die Tage ↪
tanzen
das **Taxi,** die Taxis Ⓜ
der **Teddy,** die Teddys Ⓜ
der **Tee,** die Tees Ⓜ
teilen
der **Teller,** die Teller
das **Tier,** die Tiere
die **Tochter,** die Töchter
der **Topf,** die Töpfe
das **Tor,** die Tore
tragen
der **Traum,** die Träume ϟ
treffen
trinken
die **Tür,** die Türen
der **Turm,** die Türme
turnen
die **Tüte,** die Tüten

U u

üben
die **Uhr,** die Uhren
und
uns, unser, unsere
unten
unter
der **Urlaub,** die Urlaube

V v

die **Vase,** die Vasen
der **Vater,** die Väter
der **Verkehr**
versuchen
viel, viele
vier
der **Vogel,** die Vögel
von
der **Vulkan,** die Vulkane

W w

wachsen
der **Wagen,** die Wagen
der **Wald,** die Wälder
wann
warm
warten
warum
waschen
das **Wasser**
der **Wecker,** die Wecker
der **Weg,** die Wege
weich
Weihnachten
weinen
weiß
welche, welcher
wem
wen
wenn
werden
werfen
das **Wetter**
wie
wieder
die **Wiese,** die Wiesen
der **Wind,** die Winde
winken
der **Winter,** die Winter
wohnen
der **Wolf,** die Wölfe
wissen
das **Wort,** die Wörter
wünschen
der **Würfel,** die Würfel
der **Wurm,** die Würmer
die **Wurst,** die Würste
die **Wurzel,** die Wurzeln

Z z

die **Zahl,** die Zahlen
der **Zahn,** die Zähne
der **Zaun,** die Zäune
die **Zehe,** die Zehen
zeigen
die **Zeit,** die Zeiten
die **Ziege,** die Ziegen
das **Zimmer,** die Zimmer
der **Zoo,** die Zoos
zu
der **Zucker**
zum
die **Zunge,** die Zungen
zur
die **Zwiebel,** die Zwiebeln

Einsterns Schwester 2

Themenheft 2
Richtig schreiben

Herausgegeben von: Roland Bauer, Jutta Maurach

Erarbeitet von: Katrin Baudendistel, Daniela Dreier-Kuzuhara, Alexandra Schwaighofer in Zusammenarbeit mit der Redaktion Grundschule Deutsch 2–4

Redaktion: Martina Schramm, Sabine Gerber, Milena Lemke, Kristina Meyer

Illustration: Yo Rühmer, Frankfurt am Main

Umschlaggestaltung: Cornelia Gründer, agentur corngreen, Leipzig

Layout und technische Umsetzung: lernsatz.de

www.cornelsen.de

1. Auflage, 1. Druck 2022

Alle Drucke dieser Auflage sind inhaltlich unverändert
und können im Unterricht nebeneinander verwendet werden.

Druck: Parzeller print & media GmbH & Co. KG, Fulda

ISBN 978-3-06-084863-8 (Themenheft 2, Verbrauchsmaterial)

PEFC
PEFC/04-31-1308

PEFC zertifiziert
Dieses Produkt stammt aus nachhaltig bewirtschafteten Wäldern und kontrollierten Quellen.

www.pefc.de